しらべよう！
世界の料理
7

中央・南アメリカ オセアニア
メキシコ ブラジル ペルー オーストラリアほか

監修・著／青木ゆり子
編／こどもくらぶ

はじめに

「食文化」とは、食べ物に関する文化のことです。

食文化は、いろいろな要素が影響しあってはぐくまれます。

はるか昔からその土地に伝統として伝えられてきたもの。その土地の気候・風土、産物、歴史、宗教などがもたらしたもの。ほかの国や地域と交流するなかでうまれたもの。

そうしたさまざまなものがからみあって、その土地独特の食文化がつくりあげられてきました。

だからこそ、世界の人びとを理解し交流するはじめの一歩は、食文化を理解すること。まず「どんな料理を食べているの？」からはじめましょう。

　シリーズ第7巻のこの本では、カリブ海に面した国ぐにや、アンデス山脈とアマゾンの大河を擁する南アメリカの国ぐに、太平洋という大海原にある国ぐにの食文化を追っていきます。先住民の文化と外から流入した文化とが融合した、独特で魅力的な食文化にあふれたこれらの国ぐにへの関心を、ぜひ深めてください。

　ところで、近年日本を訪問する外国人はどんどんふえています。そうした外国人たちに日本を正しく紹介したい！　それには、日本人が日本の食文化を知らなければならないのは、いうまでもありません。この意味から、このシリーズでは、日本についても第1巻の冒頭に紹介しています。また、それぞれの国と日本との関係についても、できるだけふれていきます。
　さあ、このシリーズをよく読んで、いろいろな国の食文化、その国とその国の人びとについての理解を深めていってください。

こどもくらぶ

もくじ

メキシコ

1 メキシコの風土と食文化 ……………… 6
2 メキシコ料理の特徴 ……………… 8
3 メキシコのお祝い料理 ……………… 10

キューバ

1 キューバの風土と食文化 ……………… 14
2 スペインとカリブの食材の融合 ……… 16

ジャマイカ

1 ジャマイカの食文化 ……………… 18

ブラジル

1 ブラジルの風土と食文化 ……………… 20
2 世界各地からの移民の料理 ………… 22
アマゾンのフルーツ ……………… 25

アルゼンチン

1 アルゼンチンの風土と食文化 ………… 26
2 アルゼンチンの食事 ………………… 28

ペルー

1 アンデス高地の食文化 ………………… 30
2 ペルーの代表的な料理 ………………… 32

その他の南アメリカの食文化

1 ボリビア ……………………………… 34
2 コロンビア …………………………… 36
3 チリ …………………………………… 37
ポリネシア、ミクロネシア、メラネシアの食文化 …… 38

オーストラリア

1 オーストラリアの食文化 ……………… 42

ニュージーランド

1 ニュージーランドの食文化 …………… 44

さくいん ………………………………… 46

メキシコ

北・中央アメリカに位置するメキシコは、古代文明のマヤ文明、その後のアステカ文明などを土台に、16世紀にこの地を征服したスペインの影響を受けて、独自の文化をはぐくんできた国です。

正式名称／メキシコ合衆国		民族／ヨーロッパ系（スペイン系など）と先住民の混血(60%)、先住民(30%)、ヨーロッパ系(9%)、その他(1%)	
人口／約1億2700万人			
国土面積／196万km²（日本の約5倍）			
首都／メキシコシティ		宗教／カトリック（国民の約90%）	
言語／スペイン語			

1 メキシコの風土と食文化

メキシコは、西は太平洋、東はメキシコ湾とカリブ海に面していて、国土の3分の1は平均高度約1700mのメキシコ高原がしめています。山が多く、人びとの往来や交易が少なかったため、地域による料理のちがいが大きいのが特徴です。

● マヤ、アステカ時代のメキシコ

メキシコでは、紀元前から高度な古代文明が栄えてきました。代表的なのは、メキシコ南東部のユカタン半島におこったマヤ文明です。トウモロコシを栽培し、だんだん畑・湿地で焼畑農法などによる農業をおこなっていました。

その後1428年ごろから1521年までメキシコ中央部でアステカ帝国が栄えます。この時代は豊富な栄養をふくんだ湖をかんがいに利用し、農業生産率を飛躍的に高めました。

マヤ文明のチチェン・イッツァ遺跡。

● 重要な作物トウモロコシ

トウモロコシは、メキシコ高原で、メキシコの先住民が穂のある雑草を改良して栽培していたものが起源だといわれています。小麦が育たないところでも元気に生育する、アメリカ大陸の人びとの生命の糧でした。メキシコには、白や黄色のほか、赤や黒などさまざまな種類のトウモロコシがあります。

メキシコ

● スペインの影響

16世紀になるとスペインが侵略し、マヤ、アステカをほろぼしてしまいます。スペインによるメキシコ征服は食文化にも影響をあたえました。

まず、アステカ族は生のままで食べるほか、ゆでる、あぶる、蒸すといった調理法しかもっていませんでした。スペイン人は「油で揚げる」ことを伝えました。現在では、メキシコ料理のほとんど半分が油で調理されています。また、タマネギやニンニク、シナモン、米など、今ではメキシコ料理に欠かせない食材も、スペインがもたらしたものです。豚を飼育して食肉にし、脂（ラード）をとることも、スペインから伝えられました。

● 主食はトルティージャ

古代文明のころから、メキシコの主食はトウモロコシ。収穫したトウモロコシは乾燥させて、たいせつな食料として保存されました。乾燥トウモロコシは、つぶの皮がはがれるまで石灰水でゆでてやわらかくし、それをすりつぶしてトウモロコシの生地「マサ」をつくります。マサに水を加えて丸め、平らに引きのばして焼いたものを「トルティージャ」といいます。伝統的にトルティージャは、お皿やフォーク、スプーンがわりにも使われ、上におかずをのせたり巻いたり、また小さくちぎってシチューやスープにつけたりして食べます。

トルティージャ

● メキシコ原産の農作物

メキシコ周辺は、トウモロコシやトウガラシをはじめ、現在では世界中で一般的に食べられている作物の原産地です。トウモロコシは収穫量が多い穀物ですが、たんぱく質はあまりふくみません。そこで、先住民の人びとは、たんぱく質をおぎなうために豆を育てて、トウモロコシといっしょに食べていました。なかでもインゲン豆は、よく食べられてきたメキシコ原産の豆です。

また、メキシコにはトウガラシが少なくとも140種あるといわれています。非常に辛いものをはじめ、メキシコの各地方にさまざまなトウガラシがあります。辛いものに慣れている人びとは、トウガラシを平気で生で食べます。

カボチャやアボカドもメキシコ周辺が原産地です。カボチャの種子はペピタスといい、ナッツのように食べたり、皮をとってすりつぶし、スープにしたりして食べます。いろいろな品種がありますが、カボチャの原種には果肉がなく、油分をふくんだ大きな種子が入っていました。昔の人は、保存がきくので、このカボチャを好んで栽培していました。今でもこの品種は栽培されています。

アボカドは、なかにはマスクメロンくらいの大きさになる品種もあります。メキシコでは、熟したアボカドをうすく切って、スープやシチューに入れます。バターのようにとろけると、独特の味わいが出るのです。

メキシコで栽培されているアボカド。日本が輸入しているアボカドの90%はメキシコ産。

2 メキシコ料理の特徴

現在のメキシコ料理は、マヤ文明、アステカ文明の伝統を土台に、スペインの要素がまざりあってできあがりました。豚肉や小麦、米などのヨーロッパ伝来の食材と、メキシコ原産のトウモロコシやトウガラシを多用した、香ばしく辛い味つけが特徴です。

● 代表的なメキシコ料理

メキシコの主食であるトルティージャをアレンジした料理がいろいろあります。

タコス
メキシコを代表する料理のひとつ。焼いたトルティージャ（→p7）にさまざまな具をのせ、辛いサルサをかけて食べる。

ウエボス・ランチェロス
卵とトルティージャをからめて食べる、メキシコの朝食の定番。豆などの具をそえ、サルサも欠かせない。

ワカモーレ
アボカドをつぶして、タマネギやトマト、ライムジュース、コリアンダーの葉などをまぜたディップ。トルティージャやタコスの具にも使われる。

もっと知りたい！

サルサとは？

サルサは、スペイン語で「ソース」のこと。代表的なサルサは、赤いトウガラシ（→p10）とトマトでつくる「サルサ・ロハ」と、「緑のトマト」ともいわれるトマティージョという野菜と青トウガラシでつくる「サルサ・ベルデ」。レストランでも、この2つのサルサはいつもテーブルに置かれているぐらいだ。

サルサ・ロハ

サルサ・ベルデ

メキシコ

タマーレス
古代からあるトウモロコシ料理。トウモロコシ粉とラードをこねて、肉や魚などの具とともにトウモロコシの皮に包んで蒸し焼きする。

エンチラーダ
トルティージャにチーズやコリアンダー、トマト、豚肉や鶏肉をさいたものなどをのせて巻いた料理。ほかにもいろいろな種類がある。

ベラクルス・スタイルの魚料理
メキシコ湾に面したベラクルス州の郷土料理。白身魚に野菜やハーブ、香辛料などからつくったソースをかけて、オーブンで焼く。

もっと知りたい！

メキシコならではのかわった食材

メキシコの北部砂漠地帯や熱帯地方などには、独特の植物が生育している。メキシコで「アガベ」または「マゲイ」とよばれるリュウゼツランにはグサーノというイモムシがつき、人びとは昔から貴重なたんぱく源としてこれを好んで食べてきた。アガベはシロップや、メキシコを代表するお酒テキーラの原料でもある。

アガベ
葉を落とした根茎からしぼった液を発酵・蒸留させて、テキーラがつくられる。

ノパル（ウチワサボテン）の葉
とげをぬいて料理する。切り口がヌルヌルとしていて、アロエのような青くさい味。　ノパルのステーキ。

ノパルの実「トゥナ」は、果汁たっぷり。

3 メキシコのお祝い料理

メキシコの伝統行事では、料理も特別なものが準備されます。伝統行事には、独立記念日やシンコデマヨとよばれる祝日をはじめ、キリスト教に関連した行事などがあります。

● 独立記念日のお祝い料理

メキシコは、1810年にはじまった独立革命の結果、1821年にスペインから独立しました。9月16日の独立記念日が近づくと、メキシコ中が国旗であふれ、お祝いムードが高まります。この独立記念日に欠かせない料理が、「チレス・エン・ノガダ」です。

チレス・エン・ノガダ

チレス・エン・ノガダは、ピーマンのように大きいトウガラシ「チレ・ポブラーノ（プエブラのチレ）」に、ひき肉やトマトなどの野菜のみじん切りを炒めたものをつめ、クルミ入りのクリームソースをかけてザクロの実とコリアンダーの葉をちらした料理。もともとは中南部プエブラ州の郷土料理ですが、料理をいろどるチレ・ポブラーノの緑、クリームソースの白、ザクロの赤がメキシコ国旗の色のため、独立記念日のお祝い料理となったのです。また、メキシコ軍がプエブラ州でフランス軍を奇跡的に撃退したことを記念するお祝いの日（シンコデマヨ）にも、チレス・エン・ノガダがつくられます。

独立記念日には、はなやかなパレードがおこなわれる。

もっと知りたい！

メキシコのトウガラシ

メキシコでは、トウガラシのことを「チレ」という。日本でトウガラシというと辛い香辛料という印象が強いが、メキシコには多くの種類のチレがあり、甘い辛さ、苦い辛さ、うまみのある辛さ、コクのある辛さなど、それぞれ味わいがちがう。同じ種類のチレでも、生のものと乾燥したものでも、風味がちがう。メキシコの人たちは、料理に応じてこれらのチレを使いわけているのだ。

市場で売られている、さまざまなチレ。

チレ・ポブラーノ

メキシコ

メキシコのお祭り料理

メキシコでは、七面鳥は祭日用の鳥とされています。有名なお祭り料理は、七面鳥の肉に「モーレ・ポブラーノ」をかけたプエブラ州の料理です。モーレというのはソースのことで、地方ごとに何百種類もあります。なかでもモーレ・ポブラーノ（プエブラのモーレ）は、トウガラシや香辛料、ナッツ類、タマネギなどさまざまな具をペースト状にして甘みのないチョコレートをまぜた、複雑な味わいのソース。このソースはつくるのに手間がかかるため、伝統的にクリスマスや復活祭など特別な日だけにつくられてきました。

現在は、かんたんにモーレがつくれるモーレペーストが売られていて、チキンにモーレ・ポブラーノをかけた料理が一年中食べられています。

市場で売られているモーレペースト。

モーレ・ポブラーノには次のような伝説が残されています。プエブラにあるサンタ・ロサ修道院の尼僧たちが大司教がくると聞き、あわてて台所のありあわせの食材でソースをつくり、最後にチョコレートを少し入れました。それを七面鳥の肉にかけ、神のご加護を祈ったところ、大司教はその味に大喜びしたのだそうです。

モーレ・ポブラーノ

ホテルで開かれたモーレフェアで、トルティージャを準備しているところ。

もっと知りたい！
チョコレートはメキシコ原産

チョコレートは、カカオ豆からつくるメキシコ発祥の食品。アステカ時代に兵士のつかれを回復させる目的で使われていた「チョコラトル」という飲み物が、チョコレートのはじまりだという説があるが、はっきりわかっていない。メキシコの神話では、アステカの神さまがトウモロコシとともにカカオ豆を人間にさずけたとされている。

寒い季節になると、メキシコの人たちは温かいココア（メキシコでは「チョコラテ」という）をよく飲む。円盤状にかためられたディスク・チョコレートをナイフできざみ、水か牛乳とともに鍋に入れて、かきまぜながらココアをつくる。

ラグビーボール形のカカオの実の中に、白い果肉に包まれたカカオ豆が30〜40つぶ入っている。

ココアをかきまぜるのに使われる、モリニージョとよばれる独特のデザインのかきまぜ棒。

無形文化遺産の「死者の日」

メキシコでは、10月31日から11月2日に「死者の日」という伝統行事があります。家族や友人たちが集まり、亡くなった人へ思いをはせて語りあう、日本のお盆に似た行事です。しかし、故人の死を悲しむのではなく、メキシコらしく陽気に楽しく祝うのがしきたりです。

死者の日は、先住民の風習と、スペイン人から伝えられたキリスト教の聖人の日のお祝いがまざりあった、メキシコならではの行事です。まちには色あざやかな切り紙の旗やオレンジ色のマリーゴールドの花、がいこつ人形などがかざられ、一気にはなやぎます。またこの時期は、メキシコの主食であるトウモロコシの収穫が終わるころで、それを祝う意味もふくまれています。

死者の日には、中央に骨をかたどった丸いパン（パン・デ・ムエルト）を食べる習慣があります。パンには砂糖がまぶしてあり、オレンジの香りがつけられています。

このユニークな死者の日は、ユネスコの無形文化遺産に登録されています。

死者の日のパン（パン・デ・ムエルト）

死者の日が近づくと、まちにはマリーゴールドがいっせいに売り出される。

死者の日にはお墓参りにいき、がいこつ人形やマリーゴールドをかざり、ろうそくをともす。

家には「オフレンダ」とよばれる特別な祭壇をつくり、亡くなった人の写真やマリーゴールドをかざり、カボチャの甘煮やミカン類、パン・デ・ムエルトなどをそなえる。

「死の貴婦人カトリーナ」とよばれるがいこつ人形。

メキシコ

特産物のパイナップルを手にもち、ダンスを披露する先住民のグループ。

● オアハカ州の祭り

メキシコ南部のオアハカ州は先住民の文化が色濃く残っている州で、州都オアハカは世界遺産に登録されている美しいまちです。毎年7月には、先住民の祭り「ゲラゲッツァ」が開催されます。メインイベントの民族舞踊フェスティバルでは、カラフルな民族衣装を身につけたいくつもの先住民のグループが、特産の農産物などをたずさえて参加します。

もともとこの祭りは、トウモロコシの神さまに豊作を祈る祭りだったため、パイナップルなどのさまざまな果物、麦わら帽子、メキシコの伝統的なお酒をもっておどるのです。

もっと知りたい！
チーズで有名なオアハカ

オアハカ州は、チーズの名産地。なかでも、ケシージョという白いチーズが有名。市場の食料品売場には、毛糸の玉のようにボール状に巻かれたケシージョを見ることができる。ケシージョがおもしろいのは、さきイカのように細くさけること。

ケシージョを使った料理として有名なのは、「オアハカのピザ」ともいわれるトラユダという料理。

食料品売場に置かれているケシージョ。

トルティージャに細くさいたケシージョとオアハカ名物の干し肉などをのせてつくるトラユダ。

キューバ

カリブ海に点在する島国のなかで最大の島であるキューバは、16世紀から400年間スペインの植民地だったという歴史があります。南北アメリカ大陸とヨーロッパを結ぶ航路に位置し、古くから通商の要衝でした。

正式名称／キューバ共和国
人口／約1126万人（2014年世界銀行）
国土面積／10万9884km²（本州の約半分）
首都／ハバナ

言語／スペイン語
民族／ヨーロッパ系（25％）、混血（50％）、アフリカ系（25％）（推定）
宗教／宗教は原則として自由

1 キューバの風土と食文化

亜熱帯性海洋気候で美しい海にかこまれたキューバは、「カリブ海の真珠」とよばれてきました。16世紀に島を征服したスペイン人と、奴隷として連れてこられたアフリカの人びととの文化がまざり合い、独特なカリブの食文化をうみだしています。

● キューバの主食

カリブ海諸国では稲作がおこなわれ、人びとは米をよく食べます。塩や油、豆などを入れて炊いた、味のついたご飯が一般的です。キューバでよく食べられているのは、アロス・アマリージョという、サフランまたはベニノキの色素、ターメリックで色づけした黄色いご飯や、黒豆入り炊きこみご飯のアロス・コングリです。主食が「米」だといっていいぐらい、キューバの人たちはご飯をよく食べます。米のほかには、さまざまな種類の豆やキャッサバ（→p22）などもよく食べます。

アロス・アマリージョ

アロス・コングリ

青く澄んだ海、カリブ海。

キューバ

キューバのサトウキビ畑。

キューバの有機農業

社会主義国のソビエト連邦（ソ連、現在のロシア）と同盟を結びアメリカと敵対していたキューバは、1991年にソ連が崩壊すると、ソ連からの輸入にたよっていた食糧や石油などが不足してしまいます。そこでキューバ政府がとった対策は、石油や化学肥料にたよらない有機農業をおこなうというものでした。

人口の集中している都市部で有機農業をはじめなければならなかったため、当初はさまざまな苦労がありました。しかし、昔にもどってミミズや牛糞による土づくりからはじめ、トラクターのかわりに牛を使った耕作に切りかえるなど、国をあげて取り組みをおこないました。その結果、有機農業が可能になり、ついに食糧自給率を向上させることができたのです。

やむを得ずはじめたキューバの有機農業でしたが、今では環境にやさしい農法の先進国として、逆にヨーロッパ諸国やアメリカから注目されるようになりました。

キューバのサトウキビ栽培

現在、キューバのもっとも重要な産業のひとつは、サトウキビ栽培と製糖業です。サトウキビ栽培は、キューバを植民地としたスペインによって16世紀中ごろからはじめられましたが、キューバの土壌や気候はサトウキビ栽培に適していて、プランテーション（大規模農園）がつくられていきました。スペイン人は先住民（インディオ）をサトウキビ畑で働かせましたが、過酷な労働によってインディオは死んでしまい、それにかわる労働力として、奴隷とされたアフリカの人びとが連れてこられたのです。

サトウキビの茎の内部は糖分をふくんだ髄となっている。その髄をしぼって糖蜜を採取し、いくつかの工程を経て砂糖をつくる。

有機野菜の直売所。

野菜の摂取をすすめる看板。

サトウキビからつくるお酒

キューバは、サトウキビと製糖産業によって成り立っている国ともいえる。

サトウキビからつくるお酒「ラム酒」も高品質で、世界的に知られている。ラム酒はカクテルに欠かせないお酒だが、キューバで誕生したオリジナルのカクテルも少なくない。

2 スペインとカリブの食材の融合

油で揚げるというヨーロッパの調理法や、ヨーロッパからきた食材（米、タマネギやニンニク、牛肉や豚肉、オリーブオイルなど）と、カリブ海・中央アメリカの食材を融合させた料理がたくさんあります。キューバの料理にはトウガラシはあまり使われません。

● 代表的なキューバ料理

豚肉や豆、米などを使った腹持ちのいい料理や、カリブ海でとれた魚を使った料理がよく食べられています。チョリソ（細かくきざんだ豚肉と香辛料でつくられるソーセージ）やピカディージョ（ひき肉と野菜の香辛料炒め）は、スペイン起源の料理です。

鶏肉入りご飯のアロス・コン・ポジョや、鉄鍋でつくるパエージャも、スペイン起源の料理です。南アメリカ原産のイモ類の一種キャッサバ（→p22）や熱帯地域原産のバナナも、キューバでは料理によく使われます。

パエージャ
スペイン風海鮮炊きこみご飯。この写真はイカスミを使ったもの。

ユカ・コン・モホ
ゆでたキャッサバの、ニンニクソースがけ。

キューバスタイルの魚のグリル
丸ごとの白身魚に、ライムジュースやオリーブオイル、みじん切りにした野菜などでつくるソースをかけて焼いたもの。

トストネス
料理用バナナをカリッと揚げたもの。甘くなく、ジャガイモのような味がする。

©Rinaldo Wurglitsch

キューバスタイルのピカディージョ

アロス・コン・ポジョ

©Kobako

もっと知りたい！
料理用バナナ

日本でよく食べられている黄色いバナナは、生食用バナナという種類。熟した生食用バナナは、ねっとりして甘く、そのままでおいしく食べることができる。

一方、キューバなど熱帯地方で日常的に料理に使われているのは、料理用バナナ。米と同じようにデンプン質の食材で、熟していない緑色のバナナの皮をむき、油で揚げたり焼いたりして食べる。

料理用バナナは生食用バナナより大きく、皮がかたい。

キューバ

キューバのお菓子

キューバのお菓子はスペインの影響を受けたものが大半で、多くはメキシコなど中央アメリカ、南アメリカ諸国と共通しています。

フラン
スペインからもたらされたカスタードプディング。

アロス・コン・レチェ
甘いライスプディング。シナモンで香りづけされている。

トレス・レチェス・ケーキ
牛乳、コンデンスミルク、クリームという3種の乳製品を使ったスポンジケーキ。

キューバの果物

熱帯のカリブ海地域はトロピカルフルーツの宝庫です。キューバでも、バナナやグァバ、マンゴー、パパイヤなど、さまざまな果物が栽培されています。果物も、もちろん有機農業によるものです。

グァバ

バナナ

パパイヤ

マンゴー

キューバのカーニバル

ブラジルの「リオのカーニバル」(→p24)は有名だが、キューバ各地でも、夏に熱い音楽とダンスのパレードがくりひろげられる。

ジャマイカ

ジャマイカは、カリブ海に浮かぶ島国です。
まずスペイン、のちにイギリスの植民地となり、
さまざまな文化がまじりあいました。

正式名称／ジャマイカ
人口／272万1000人（2014年世界銀行）
国土面積／1万990km²（秋田県とほぼ同じ）
首都／キングストン

言語／英語、英語系パトゥア語
民族／アフリカ系（91％）、混血（6.2％）、その他（2.6％）
宗教／プロテスタントなど

1 ジャマイカの食文化

ジャマイカは熱帯性気候の国ですが、山岳地帯はすずしく、平野部より降水量も多くなっています。ジャマイカには、アフリカから奴隷として連れてこられた人びとの子孫のほかに、インドや中国などからの移民がくらしていて、食文化は変化に富んでいます。

● 果物王国ジャマイカ

キューバと同じように、ジャマイカも果物が豊富な国です。マンゴーやパパイヤ、バナナやパイナップルなど日本でもなじみのある果物のほかに、カリブ海諸国には、「パンノキの実」というちょっとかわった果物があります。パンノキの実は、熟すとココナッツのような甘い香りがします。パンノキの実を丸ごと直火で焼くと、パンのような香ばしい香りがただようため、「パンノキ」という名前がついたという説もあります。焼くほか、ゆでたり、揚げたりして、かならず加熱してから食べます。

実がなったパンノキ。

パンノキの果肉を揚げ焼きする。

パイナップルやココナッツ、野菜などの露店。

ジャマイカ

● カリブ海のインド料理

ジャマイカをはじめ、トリニダード・トバゴなどカリブ海や南アメリカの旧イギリス領の国ぐにには、労働者としてやってきたインド人移民が今もくらしています。その影響で、カレーをはじめとするインド料理がよく食べられています。山羊肉のカレーや、インドの平パンでカレーを巻いて食べるロティなど、カリブで独自に発展したインド料理も少なくありません。

山羊肉のカレー
カリブ式のインド料理。ジャマイカでよく飼われている山羊の肉を使い、豆ごはんをそえる。

コーヒーの王さまの産地

ジャマイカを代表する農産物のひとつにコーヒー豆がある。なかでも、首都キングストンの東にそびえるブルーマウンテン山脈の標高800〜1200m地帯で栽培されるブランド「ブルーマウンテン」は、その香り高さと繊細な味わいで、コーヒーの王さまとよばれている。ブルーマウンテンは生産量が少なく、そのほとんどが日本に輸出されている。そのため、ジャマイカの人たちがこのコーヒーを飲むことはほとんどないという。

ブルーマウンテン山脈

● ジャマイカの名物料理

ジャマイカには、「アキー・アンド・ソルトフィッシュ」という名物料理があります。アキーは西アフリカ原産の果物で、その未熟な果実は毒をもっています。西アフリカでは食用にしませんが、ジャマイカでは、完熟した実の毒をふくむ部分をていねいにとりのぞいて利用します。今では、塩漬けのタラとの炒め物に欠かせない食材になっています。アキーの果肉は黄色いため、卵に見立てて食べられてきました。

アキーの果皮は赤く、果肉は黄色。黒いのは種。料理に使うのは、黄色い果肉の部分。

アキー・アンド・ソルトフィッシュ
ジャマイカの国民食のひとつとなっている。

ジャークミートも、ジャマイカの名物料理です。ジャマイカの先住民由来とも、アフリカ由来ともいわれる、ハーブや香辛料をあわせたソースをまぶした肉のバーベキューです。鶏肉を使った「ジャークチキン」がよく知られています。ドラム缶を使って豪快に肉を焼く光景が、ジャマイカではよく見られます。

ジャークチキン

ドラム缶を2つ割りにしてつくった独特のグリルで、ジャークチキンを焼く。

ブラジル

ブラジルは、南アメリカ大陸のおよそ半分にあたる広大な国土をもつ国で、かつてはポルトガルの植民地でした。サッカーの強豪国として知られています。

正式名称／ブラジル連邦共和国
人口／約2億784万人（2015年世界銀行）
国土面積／851万2000km²（日本の約22.5倍）
首都／ブラジリア
言語／ポルトガル語

民族／ヨーロッパ系（約48％）、アフリカ系（約8％）、東洋系（約1.1％）、混血（約43％）、先住民（約0.4％）（2010年ブラジル地理統計院）
宗教／カトリック（約65％）、プロテスタント（約22％）、無宗教（8％）（2010年ブラジル地理統計院）

1 ブラジルの風土と食文化

ブラジルの国土の90％以上が熱帯地域ですが、大西洋岸は温暖で、南部では冬に雪がふることもあります。先住民とポルトガル人、そしてアフリカから奴隷として連れてこられた人びとやヨーロッパやアジアからの移民が多彩な食文化をはぐくんできました。

● 色濃く残るポルトガルの影響

ブラジルは、16世紀から19世紀はじめまでポルトガルの植民地で、独立後もポルトガル人が実権をにぎる時代が続きました。そのため、料理にもポルトガルの影響が色濃く残っています。たとえば、料理にオリーブオイルを使うのは、もともとポルトガルの習慣。長い航海の重要な食料だった干しダラ（バカリャウ）を使ったコロッケ「ボリーニョ・デ・バカリャウ」や、肉やくん製ソーセージ、野菜入りのシチュー「コジード」などのポルトガル料理は、今ではブラジルの定番料理になっています。

ブラジルは、ポルトガル人宣教師の布教により、カトリックの信者が世界でいちばん多い国です。キリスト教徒にとってたいせつなワインをつくるため、最初にブドウの木をブラジルにもちこんだのもポルトガル人です。

ボリーニョ・デ・バカリャウ
バカリャウのコロッケ。

コジード 肉・野菜入りのシチュー。

ブラジル北部のアマゾン川流域に熱帯雨林が広がる。

ドラムの練習をするバイーアの州都サルバドールの子どもたち。

ブラジル

バイーア州の料理

ポルトガルの植民地時代には、サトウキビやコーヒーの農園などで働く労働力として、西アフリカから多くの人が奴隷として連れてこられました。その船がついた港が北東部バイーア州のサルバドールでした。熱帯地域であるバイーア州の気候風土や植物体系は西アフリカによく似ていて、人びとはアフリカ固有の伝統をほとんど失わずに現在に伝えています。

バイーア州では、アフリカでも食べられていたバナナやココナッツなどの栽培がおこなわれました。そしてブラジルで独自に発展した西アフリカ由来の宗教「カンドンブレ」がひそかに受けつがれ、農場の台所仕事をになった女性たちによって伝統のおそなえ用の料理がつくられてきました。

現在、バイーア料理として親しまれている「アカラジェ」は、もともとはカンドンブレのおそなえ用の料理で、つぶした豆とタマネギをまぜあわせたタネを円形にまとめてデンデ油で揚げ、辛いソースをそえます。半分に切ってエビや野菜などをはさんで食べることもあります。

バイーア料理はデンデ油を多用するため、全体的に赤っぽいのが特徴です。代表的なバイーア料理には、アカラジェのほかにムケッカがあります。

ムケッカ
魚介とタマネギ、ニンニク、トマト、コリアンダーなどを使って土鍋でつくるシチュー。もともとはブラジル南部の料理。バイーア州ではエビやカニ、デンデ油とココナッツミルクを使うのが特徴。

アカラジェ

もっと知りたい!
バイーア料理に欠かせないデンデ油

デンデ油とは、アブラヤシの果実から採取したパーム油のこと。オレンジがかった赤い色をしていて、独特の芳香と甘味がある。パーム油は西アフリカでもよく使われている。

アブラヤシの実。

デンデ油

21

2 世界各地からの移民の料理

ブラジルは、独立した1822年以降、奴隷制廃止にともない農業労働者が不足したことから移民の受け入れをはじめました。世界各地からやってきた移民の料理は、現地の食材・料理と融合して、ブラジルの料理として定着していきました。

● 東洋人街

ブラジルには、19世紀から20世紀はじめにかけて500万人以上ものヨーロッパ人が移住してきました。その多くは南東部のコーヒー農園やアマゾン川流域のゴム園で働きました。日本人の移民も、1908年に781人を乗せた「笠戸丸」がサンパウロのサントス港に入港して以来、1941年までの33年間におよそ19万人がブラジルにわたりました。彼らは過酷な自然条件の中で奮闘し、自作農として独立し、コショウや茶、ジャガイモなどの栽培に取り組み、成功させた人もいます。日本人移民は、その功績がみとめられてブラジル社会に定着し、後年、その勤勉さや信頼度で高い評価を得るようになりました。

サンパウロには日系人が多く住む町があり、そこではすしやラーメンの店のほか、ブラジルで人気の「パステウ」（→p23）という揚げスナックに、とうふやシイタケ、かまぼこなど日本の食材を入れたものが販売されています。

サンパウロの東洋人街。かつては「日本人街」とよばれていたが、中国や韓国からの移民がふえたため、「東洋人街」とよばれるようになった。

日系人が多いまちで売られている、和風の具が入ったパステウ。

もっと知りたい！

南アメリカ原産の食材「キャッサバ」

ブラジルには、ペルーのインカ帝国（→p30）のような高度な文明がなかった。先住民たちは熱帯雨林の隔絶した村むらで、魚や野鳥、野生動物、密林の果実、イモの一種であるキャッサバなどをおもに食べてくらしていた。南アメリカ原産のキャッサバは、今でもブラジル料理に欠かせない食材。生のキャッサバには毒があるため、毒ぬきをしてからゆでて料理のつけあわせにしたり、粉にしてスープやシチューにかけたりする。キャッサバの粉を水で練って、クレープのようにうすく焼いたりもする。キャッサバはタピオカの原料でもある。

今では世界中の熱帯地方で栽培されているキャッサバ。

ブラジル

代表的なブラジル料理

ブラジル全土で食べられているのが、「フェイジョアーダ」という、豚肉、牛肉、ソーセージなどを、豆（ブラジルでは「フェイジョン」という）といっしょに煮こんだ料理です。もともとは、奴隷として連れてこられたアフリカの人たちが、主人が捨てた豚の内臓などをおいしく食べるために考案した料理だといわれています。現在では、ブラジルの国民食となっています。フェイジョアーダには、バターライスと輪切りのオレンジやファロッファとよばれる味のついたキャッサバ粉、コウベという青菜炒めをそえます。サンパウロなどでは、水曜日と土曜日のランチに食べるのが伝統となっています。

フェイジョアーダ

牧畜のさかんなブラジル南部の伝統料理「シュハスコ」も、今では、ブラジルを代表する料理になっています。牛肉や豚肉、鶏肉をさまざまな部位ごとに鉄串にさし、岩塩をふって炭火で焼いた料理です。

シュハスコ
ウエイターが焼けた肉を串にさしたままテーブルにもってきて、切り分けてくれるレストランもある。

また、ブラジルの人たちは間食をよくします。間食には、コロッケのような揚げ物や、ひき肉やチーズの入ったパイなど、塩気のある食べ物がよく食べられます。

コシーニャ
19世紀にサンパウロで誕生したといわれているコロッケ風のスナック。ほぐした鶏肉を、ジャガイモやキャッサバをゆでてつぶしたもので包み、油で揚げたもの。特徴的な形をしている。

パステウ
チーズやひき肉、ヤシの芽などをつめた揚げ春巻きのようなスナック。

タピオカ・デ・バナナ
キャッサバ粉からつくるクレープのような生地に、バナナをはさんだ軽食。朝食にもよく食べられている。ほかの果物やミルクジャムをはさんだり、ハム、チーズなどをはさんだりする。

ポンデケージョ
チーズの産地として知られる南東部ミナスジェライス州のもちもちしたチーズパン。ミナスチーズ（ブラジルを代表するフレッシュチーズ）と、キャッサバ粉、牛乳、卵などでつくる。

ブラジルのコーヒー

ブラジルでは、16世紀よりポルトガル人によるプランテーション（大規模農園）の経営がはじまりました。当時の中心作物はサトウキビでした。先住民やアフリカから奴隷として連れてこられた人びとが働かされ、サトウキビからつくられる砂糖がヨーロッパに輸出されました。

19世紀になると、南部で輸出用のコーヒー豆のプランテーション栽培がはじまりました。サンパウロにはコーヒー産業で働く人が集まり、ブラジル最大の都市に発展しました。ブラジルのコーヒーは、酸味と苦みのバランスのとれた品質の高さに定評があります。日本のカフェの先がけといわれる銀座の「カフェーパウリスタ」は、サンパウロっ子（パウリスタ）にちなんで名づけられたといいます。

コーヒーの実が赤く熟してきたら、収穫時期。

広大なコーヒープランテーション。

コーヒーの実を摘む。

ブラジルのお菓子

ブラジルのお菓子には、ポルトガルをはじめ、移民の人びとがもちこみ、ブラジルで発展したものが多くみられます。

プジン・ジ・レイチ・コンデンサード
コンデンスミルク入りのブラジルの濃厚なカスタードプディング。

カンジーカ
コンデンスミルクとココナッツミルク、牛乳、シナモンをまぜてつくる、白いトウモロコシのプディング。6月におこなわれるカトリックの聖人祭「フェスタ・ジュニーナ」に欠かせないデザート。

デザートのクスクス
北アフリカで食べられている小つぶのパスタ・クスクスに、タピオカをまぜてココナッツ風味にした甘い北部式クスクス。デザートではない、ひき割りトウモロコシを加えたパウリスタ（サンパウロ式）クスクスもある。

リオのカーニバル

ブラジルといえば、「リオのカーニバル」が有名。カトリックでは、イースター（キリストの復活祭）前の40日間（四旬節）を禁欲生活の期間としていて、これに入る直前にカーニバルが開催される。毎年2月か3月に全国各地で開催される。その最大のものが、リオデジャネイロの「リオのカーニバル」。まちのあちこちで、大勢の人がサンバなどをおどったり歌ったりして、まち全体が興奮状態となる。

アマゾンのフルーツ

アマゾン川流域の熱帯の密林には、他の地域にはない
めずらしいフルーツがいろいろ自生しています。
近年脚光を浴び、健康食材として注目されているものも少なくありません。

ガラナ
アマゾン原産のつる性の植物。果実の果皮は赤く、熟すと実がはじけ、黒い種があらわれる。この種からとるエキスには、お茶の成分でもあるカフェインやタンニンが豊富にふくまれる。ブラジルではおもにガラナ飲料として飲まれている。日本では北海道で販売されている。

カジュー
ウルシ科の植物の果実。へたのような黒い部分が種で、中にはカシューナッツがひそんでいる。ブラジルでは、果肉部分をジュースなどにして飲む。

カシューナッツ
果肉

アサイー
ヤシ科の植物の果実で、外見はブルーベリーに似ている。ポリフェノールや鉄分をはじめとする体によいとされる成分が豊富。アサイーには味があまりないので、ジュースを牛乳やヨーグルトにまぜて飲んだり、アサイーのジュースをこおらせたスムージーをバナナなどといっしょに食べたりする。

クプアス
カカオの仲間。だ円形の果実は茶色のかたいからでおおわれている。重さが2kgにもなるものもある。果肉は白くて甘ずっぱく、ジュースやジャム、デザートなどに活用される。神秘的なおいしさをもつことから、アマゾンでは「神の果物」とよばれている。このクプアスの種からもチョコレートをつくることができる。

アマゾン川の川辺に自生するアサイーヤシ。

アサイーヤシが扇状にのばす枝に実がいっぱいなる。

アルゼンチン

アルゼンチンは、南アメリカ大陸南部の大部分をしめ、大西洋にそって長くのびる国で、1816年にスペインから独立しました。南アメリカのなかでは、ヨーロッパ風の文化が強く残る国です。

正式名称／アルゼンチン共和国
人口／4342万人（2015年世界銀行）
国土面積／278万km²（日本の約7.5倍）
首都／ブエノスアイレス
言語／スペイン語
民族／ヨーロッパ系（スペイン、イタリア 97％）、先住民系（3％）
宗教／カトリックなど

1 アルゼンチンの風土と食文化

アルゼンチンは、肥沃な大平原パンパから南極に近い荒涼としたパタゴニアまで、亜熱帯・温帯・乾燥帯・寒冷帯の4つの気候をもっています。先住民の文化に加え、スペインや、イタリア、ドイツなどヨーロッパを中心にした移民文化が根づいています。

● 北西部に残る先住民の食文化

ボリビア、チリと国境を接するアルゼンチン北西部の山岳地帯は、先住民の食文化が色濃く残る地域です。トウモロコシやカボチャ類がよく使われるのが特徴で、カボチャの中身をくりぬいて土鍋がわりにしてつくるビーフシチュー「カルボナーダ・エン・ザパロ」が有名です。そのほか、カボチャのフリッター（揚げ物）やプディングなどがよく食べられています。

カルボナーダ・エン・ザパロ

● イタリア移民の食文化

アルゼンチンには現在、約2500万人のイタリア系の住民がいるといわれています。彼らは1870年代から、貧しいくらしを強いられた祖国をはなれて、新天地アルゼンチンに移住した人びとの子孫です。イタリアの小説家エドモンド・デ・アミーチスが1886年に書いた『クオーレ』の中のエピソードで、アルゼンチンに出かせぎにいった母親を追って旅するイタリアの少年マルコのすがたがえがかれ、日本では『母をたずねて三千里』のタイトルでアニメ化されています。

大勢のイタリア移民は、ピザやパスタ、ミラノ風のうすいカツレツ（ミラネサ）などのイタリア料理をアルゼンチンに広めました。

アルゼンチン

南極に近いパタゴニアには、ペンギンのコロニーがある。

世界有数の牛肉消費国

温暖な気候と理想的な降雨量にめぐまれたパンパ（大平原）には、牧草地が広がり、おもにヨーロッパ品種の牛が飼育されています。その頭数は世界10位に入り、国民1人当たりの牛肉の消費量は世界でも1、2位を争っています。

かつてアルゼンチンでは、牛肉が生命の糧だったといっても過言ではありません。その食習慣は、かつて大平原で遊牧をしてくらしていた人びと「ガウチョ」の伝統を受けつぐものです。

ガウチョたちは、食べる分だけの牛をつかまえ、たき火をおこしてその肉を焼いていました。この料理を「アサード」といいます。味つけは基本的に岩塩のみで、油と酢に塩やニンニク、トウガラシ、パセリなどをまぜた「チミチュリ」というソースをかけることもあります。

牛肉だけでなく、鶏肉やさまざまな種類のソーセージ、レバーなどの内臓をボリュームたっぷり焼く「パリジャーダ」という料理もあります。

アサード

アルゼンチンでは、たくさんの牛を放牧している。

ガウチョって、なに？

ガウチョというのは、17〜19世紀にかけてアルゼンチン、ウルグアイ、ブラジル南部のパンパに住み、牧畜の仕事をしていた人たちのこと。スペイン人と先住民との混血の人たちが多い。ガウチョの仕事や服装は、アメリカ合衆国のカウボーイに似ているといわれる。

年に1回開かれるガウチョの祭りで、伝統的な服装を身にまとい、馬術競技に参加するガウチョたち。

27

2 アルゼンチンの食事

首都ブエノスアイレスなど都市部では、夕食が一日の食事の中心です。伝統的な食習慣が残る地方では、昼の食事に時間をかけます。料理は、スペインやイタリア、フランスなどに影響を受けたものがつくられています。

● 典型的な朝食

アルゼンチンの典型的な朝食は、メディアルナとよばれるフランス風のパン（クロワッサン）とマテ茶です。メディアルナは、そのままで食べたり、ハムやチーズをはさんだりして食べます。チョコレートやジャム、ドゥルセ・デ・レチェとよばれるミルクジャムをつけたりもします。

首都ブエノスアイレス

メディアルナとマテ茶の朝ご飯。マテ茶のかわりにミルクコーヒーもよく飲む。

もっと知りたい！
ドゥルセ・デ・レチェとは？

ドゥルセ・デ・レチェは、牛乳と砂糖からつくる、茶色っぽい色をしたミルクジャム。アルゼンチンでは100年以上の長い歴史をもつ甘いジャムで、パンにぬって食べるほか、アイスクリームやケーキなどの材料としても、日常的に使われている。

アルゼンチンの一般家庭では、コンデンスミルクを缶ごと加熱して、煮つめてつくるという。

もっと知りたい！
マテ茶は健康茶

紅茶や中国茶、日本茶は、ツバキ科のチャの葉からつくられるが、マテ茶は、モチノキ科のマテの葉や枝からつくられる。マテの木は、南アメリカの大瀑布イグアスの滝周辺でしか育たないため、マテ茶の生産国は、アルゼンチン、ブラジル、パラグアイの3か国にかぎられている。

マテ茶はビタミンやミネラルの含有量が多く、「飲むサラダ」ともよばれている。肉料理が中心の食事に、野菜不足をおぎなうのによいといわれている。専用のつぼに茶葉を入れ、ややぬるめのお湯を注いで、ボンビージャとよばれる金属製のストローを使って飲む。アルゼンチンでは、マテ茶にミルクを加えてミルクティーにして飲むことも多い。

ボンビージャの先は小さな穴があいていて、茶こしになっている。

アルゼンチン

代表的な料理

肉料理のほか、トウモロコシを使った料理が多いのが、アルゼンチン料理の特徴です。

エンパナーダ
小麦粉の生地の中に肉や干しブドウ、オリーブ、タマネギなどの具を入れて焼いたパイ。ありあわせの残り物でつくったりもする。南アメリカ各地に同じような料理があり、アルゼンチン国内でも地方によって具などに特徴がある。

ウミータ
熟していないトウモロコシのつぶと、タマネギ、香辛料、チーズなどをよくまぜ、トウモロコシの皮に包んで蒸すなどした料理。これも、アルゼンチンだけでなく南アメリカ各地でよくみられる先住民の料理。メキシコのタマーレス（→p9）とも似ている。

アルファホール
ドゥルセ・デ・レチェなどをはさんだクッキーのようなお菓子。アルゼンチンのほか、南アメリカ各地でも食べられている。

マタンブレ
「空腹しのぎ」という意味をもつアルゼンチンの牛肉ロール。酢と油に香辛料をまぜた液に一晩漬けこんだ牛肉に、ホウレンソウやゆで卵、ニンジン、タマネギなどをのせて巻き、焼いた料理。ボリュームのある料理だが、アルゼンチンでは前菜にすることが多い。

ロクロ
白トウモロコシ、肉、野菜を煮こんだシチュー。カボチャや豆、チョリソ（→p16）を入れることもある。アルゼンチン北西部のほか、ペルーやボリビアにまたがるアンデス地方で食べられている。

ペルー

南アメリカの北西部にあるペルーは、古代アンデス文明の中心地だった国です。16世紀にスペインに征服されますが、先住民が築いたインカ帝国の文化は、今も人びとの生活に根づいています。

正式名称／ペルー共和国
人口／約3115万人（2015年1月推定値、ペルー統計情報庁）
国土面積／約129万km²（日本の約3.4倍）
首都／リマ
言語／スペイン語、ほかにケチュア語、アイマラ語など
民族／先住民45％、混血37％、ヨーロッパ系15％、その他3％
宗教／国民の大多数はカトリック

1 アンデス高地の食文化

ペルーの国土はおおまかに、アンデス高地、太平洋沿岸に面した低地、標高2000m以下のアマゾン川流域の熱帯地方に分けることができます。とくにアンデス高地はペルー料理にとって重要な地域で、独特で豊かな食文化が誕生しました。

● インカ帝国の食文化

インカには高度な農耕や金属器文化のほか、福祉国家のような一面もあったといいます。国民には耕作地があてがわれ、余った農作物は飢餓にそなえて備蓄されていました。山の傾斜地を階段状にして耕作するなどの工夫で農地の生産率は高く、そのため、インカでは飢えに苦しむ人はいなかったといわれています。

アンデスの標高2000～3000mの地域ではトウモロコシや豆類が、3000m以上の地域では、さまざまな種類のジャガイモが栽培されていました。高地で生きられるアンデスの動物リャマ*が、農作物の運搬に活躍しました。

インカ帝国は、16世紀にスペイン人によってほろぼされます。しかし、人の近づきにくい標高6000mのアンデス高地の峡谷に住んでいた先住民には、その支配があまりおよばなかったといわれています。そのため、この地方には、先住民の言葉であるケチュア語や、インカ時代からほとんどかわっていない料理が今でも残っています。

階段状に開かれているのがよくわかる、インカ帝国の遺跡、マチュピチュ。

©Thomas Quine

リャマを連れたアンデスの先住民。

アンデスには毛を刈ることを目的にしたアルパカや、ビクーニャ（左写真）といった動物もいる。

ペルー

インカ帝国の都だったクスコには、今でも先住民が多くくらしている。市場では、この地域原産のイモ類やトマトなどたくさんの野菜類が売られている。

アンデス高地原産の農作物

マヤ文明が栄えたメキシコとともに、アンデス高地はさまざまな農作物の原産地として知られています。ジャガイモ、トマト、トウガラシなどは、世界中に広まりました。スペイン人がヨーロッパにこれらの植物をもちかえるまで、スペインやイタリア料理にはトマトがなく、インド料理にはトウガラシが使われていなかったのです。また、寒冷地でもよく育つジャガイモは、北ヨーロッパをはじめとする、寒くやせた土地に住む、飢えに苦しんでいた人びとを救いました。

ジャガイモ
ジャガイモの原産地はアンデス山脈の3000m以上の高地。ペルーでは紀元前7000年ごろからジャガイモが食べられていたという。種類も豊富で、アンデスには、野生種をふくめると300品種ものジャガイモがある。

カボチャ
カボチャにはさまざまな品種があり、北アメリカ大陸から南アメリカ大陸にかけてが原産地だといわれている。

ピーナッツ（ラッカセイ）
ピーナッツをペースト状にしたピーナッツバターは、古代先住民がはじめてつくったといわれている。ペルーでは、丸ごとゆでたピーナッツがよく使われる。

トウガラシ
トウガラシの原産地は、北アメリカ大陸から南アメリカ大陸にかけての地域。あまり辛くないものから非常に辛いものまであり、色や形にもたくさんの種類がある。ペルーではトウガラシのことを「アヒ」とよんでいる。アヒ・アマリージョという、香りがよくあまり辛くない黄色いトウガラシは、料理の調味料としてよく使われる。

トマト
現在、世界中で食べられているトマトは、アンデス高地に生育していた野生種を品種改良して食用にした農作物。野生種は、毒があると考えられていて、食用にされなかった。

もっと知りたい！

ペルーの栄養豊富な農作物

ペルーには、ほかにも独特な農作物がいろいろある。先住民が、主食だったジャガイモではとれない栄養分をおぎなうためにいっしょに食べてきた雑穀の「キヌア」は、寒くて雨の少ない気候でもよく育つ植物。アブラナ科の多年生植物「マカ」の根も、栄養水準の低いアンデス高地の人びとの滋養食として重宝されていた。どちらも、アメリカ航空宇宙局（NASA）が、理想的な宇宙食の素材のひとつとして評価。ヨーロッパや日本などでも健康食品として注目されている。

ペルーで栽培されているキヌアの穂。

収穫したキヌアの穀つぶ。

2 ペルーの代表的な料理

ペルーの沿岸地方の低地を「コスタ」といいます。現在は、首都リマをはじめペルーの中心地として、アンデスの食材や海でとれる魚介類など豊富な食材が集まり、ペルーの代表的な料理を楽しめます。

移民の食文化との融合

コスタはもともと、インカ帝国の栄えたアンデス高地とはちがい、16世紀にヨーロッパ人がやってくるまではほとんど未開の地でした。ところどころに緑のオアシスが点在するだけの、砂漠地帯だったのです。しかしコスタは、付近の海に寒流が流れているため気温はさほど高くなく、かんがいさえおこなえば農地にできる土地でした。

スペイン人はコスタを開拓するために「アシエンダ」とよばれる大農場をつくり、アンデスから先住民を連れてきて働かせました。そこで混血が進み、料理にもアンデスの先住民の文化とスペインの文化がまざりあいました。

アシエンダではサトウキビや綿花が栽培されました。やがてアシエンダで働く先住民の数が減少すると、アフリカの人びとが奴隷として連れてこられました。1851年に奴隷制が廃止されたあとは、労働者として中国、日本から移民がやってきます。日本人初の南アメリカ移住は1899年のことで、ブラジルよりもペルーの方が先でした。彼らもまた、ペルー料理に影響をあたえました。

アシエンダ

野菜と牛肉をしょうゆ味で炒めた「ロモ・サルタード」や、1970年代に登場した、ペルー伝統料理の「セビッチェ」を、魚をさしみ風に切るなど日本風にアレンジしたものは、それぞれ中国人、日本人が考案したペルー料理として定着しました。

ロモ・サルタード
19世紀半ばにペルーに移住した中国人が考案した料理。タマネギやトマト、ピーマンなどの野菜と牛肉をしょうゆなどの調味料で炒め、白いご飯と細切りして揚げたジャガイモをそえる。

セビッチェ
生の魚介類とトマト、タマネギ、コリアンダー、トウガラシとレモン汁でつくる、ペルーに昔からある料理。家庭ごとに食材や調味料などに工夫がこらされ、ペルーの「おふくろの味」となっている。チリなどでもよく食べられている。ペルーでは大つぶのトウモロコシを加えることが多い。

アロス・コン・マリスコス
「セビッチェ」とならぶペルーの魚介料理の代表格。エビやイカ、貝などをトマトソースとアヒ(トウガラシ)で味つけした炊きこみご飯。

ペルー

ジャガイモを使った料理

アンデスとスペイン、移民料理がまざりあった多彩なペルー料理には、ジャガイモと「アヒ・アマリージョ」というあまり辛くない黄色いトウガラシのペーストをよく使います。またエクアドルとの国境に接するペルー最北端のピウラ地方は、バナナの本場。料理用バナナ（→p16）とピーナッツを料理に使うのが特徴です。

パパ・ア・ラ・ワンカイナ
山岳都市ワンカイヨが発祥といわれるジャガイモ料理。アンデスの黄色いジャガイモをゆでて皿にならべ、チーズやアヒ・アマリージョのペーストなどでつくった濃厚なソース（ワンカイナソース）をかけ、ゆで卵、黒オリーブ、うす切りのタマネギなどをかざる。

カウサ・レジェーナ
アンデスの黄色いジャガイモを使ったケーキ風サラダ。ゆでたジャガイモをつぶしてケーキをつくり、鶏肉やトマト、オリーブをまぜた具をはさんで、ゆで卵をかざる。

肉料理

ペルーは、アルゼンチンやブラジルとくらべると、肉の消費量は少ないほうですが、それでも、いろいろな肉料理があります。また、めずらしい肉料理もあります。

アンティクーチョ
牛の心臓（ハツ）を2〜3cmに切り、香辛料入りの酢に一晩漬けて、ヤシの葉の芯でつくった串にさし、炭火で焼いた料理。コリコリした食感がペルー人に人気。ボリビアなどでも食べられている。

クイ
モルモットの一種で、食用に飼育されている。アンデスの高地では、貴重な動物性たんぱく源。焼いたり、油で揚げたりして食べる。

アヒ・デ・ガジーナ
鶏肉をアヒ・アマリージョ入りのクリームで煮こんで、白いご飯、ゆで卵をそえた料理。

もっと知りたい！

お祝いには「パチャマンカ」

地面に穴を掘り、石を積んでわらをしきつめて火をつけ、子豚や山羊、鶏、クイなどの肉のほか、トウモロコシやジャガイモ、キャッサバなどをならべ、上にバナナの葉をかけて蒸し焼きにする。これが、ペルーの伝統的な調理法「パチャマンカ」。最後に花をかざるのがならわし。明け方から時間をかけて焼きはじめ、お祝いの席に間に合わせる。

その他の南アメリカの食文化

南アメリカにはスペインの植民地支配を受けた国が多いですが、国ごとに受けた影響は少しずつちがいがあります。ここでは、個性的な特徴をもった国ぐにを紹介します。

1 ボリビア（正式名称　ボリビア多民族国）

ボリビアは、ペルーやブラジルなどと国境を接する内陸国です。ペルーと同じくインカ帝国のアンデス先住民の伝統を受けつぎ、ペルーの山岳地方と似かよった食文化をもっています。首都はラパスです。憲法上の首都はスクレ。

● ボリビアの食文化

標高3000m以上のアンデス高地では、やせた土地でも育つジャガイモやトウモロコシを主食としてきました。ペルーにまたがるチチカカ湖がある地方では、マスやナマズなどの淡水魚を食べてきました。ブラジルと接する北東部から東部にかけては、アマゾンの熱帯雨林が広がり、キャッサバが主食で、パパイヤやマンゴーなどがよく食べられています。

チチカカ湖は、世界一標高の高いところにある湖で、琵琶湖の12倍ほどの広さ。湖には、トトラ（アシ）をたばねてつくった浮き島がいくつもある。浮き島は、10人ていどが住んでいる小さな島から350人もの人が住んでいる大きな島まである。人びとは、湖の漁で生計を立てている。

その他の南アメリカの食文化

首都ラパスの青空マーケット。

南部の食文化

南部は温暖で、農作物にめぐまれています。ブドウ畑が広がり、ワインが製造されています。アルゼンチンのエンパナーダ（→p29）に似た「サルティーニャ」というスナックは、ボリビア人にもっとも愛されている食べ物です。

サルティーニャ
小麦粉の生地に、細切りにした鶏肉または牛肉、ジャガイモなどの具をくるんで焼く。朝食としてよく食べられる。

ウユニ塩湖

ボリビア西部にあるウユニ塩湖は、天然塩がとれることで有名。湖にできる塩の結晶をけずりだし、食用として国外へ出荷している。

モコチンチ
ボリビアの国民的飲み物。皮をむいて干したモモを鍋に入れ、水と砂糖、シナモンなどの香辛料を加えて煮出した液を、冷たくして飲む。

35

2 コロンビア (正式名称 コロンビア共和国)

コロンビアの国名は、アメリカ大陸の「発見者」クリストファー・コロンブスから名づけられました。かつて、アマゾンやアンデスの秘境に「エル・ドラード」とよばれる黄金郷があるという伝説が広まり、ヨーロッパの人びとをひきつけました。

● コロンビアの食文化

ペルー、ブラジルと国境を接するコロンビアは、両国の特徴であるアンデス、アマゾンの食文化をどちらももちあわせている国です。栄養価の高い食材や食品の宝庫として、近年、注目されています。たとえば、アマゾンの熱帯雨林に育つ野生のキャッサバの根からつくるソース「トゥクピー」は、先住民が薬がわりに使っていた健康食。ほかにも、野生のピーナッツ「サチャインチ」、トマトに似たアンデスの果実「タマリロ」、レモンのようなかんきつ系の酸味をもつ昆虫「レモン・アリ」など、まだ日本ではあまり知られていない食材がいろいろあります。

タマリロ

● 代表的なコロンビア料理

コロンビアは、大西洋とカリブ海の2つの海に面した国で、海産物が豊富です。生魚も食べられています。魚介類のほか、肉類やイモ類、豆類、米やトウモロコシも国内で生産しています。

伝統食には、南アメリカで一般に食べられているエンパナーダ（→p29）や、鶏肉と野菜、トウモロコシのスープ「サンコーチョ」などがあります。たいていの料理には、先住民の伝統的なトウモロコシ粉のうす焼きパン「アレパ」がつきます。

サンコーチョ

レモン・アリ
そのまま食べたり、つぶしてレモンのかわりに料理に使う。

アレパ
アレパは、半分に切ってチーズなどの具をはさみ、サンドイッチのようにしても食べる。

その他の南アメリカの食文化

3 チリ（正式名称 チリ共和国）

アンデス山脈をのぞみ、南アメリカ大陸の西海岸に細長くのびた国チリ。イースター島やパタゴニアなどが世界中の観光客をひきつけています。アルゼンチンとならんで、ヨーロッパ系住民が大多数をしめる国です。

● チリの食文化

チリでは、ほかの南アメリカ諸国と同様に、スペイン人がもたらした小麦や豚肉、オリーブなどの食材と、先住民が食べていたアンデス原産のジャガイモ、トウモロコシ、豆などを使った料理を食べます。

チリだけにみられる特徴は、国土の東側が太平洋に面していることから、魚介類を使った料理をよく食べることです。首都サンティアゴには大規模な魚市場があり、タラやエビ、アワビ、カキ、ウニなどの豊富な魚介類がならんでいます。市場にある食堂では、これらの食材を使ったスープや魚介のマリネ「セビッチェ」（→p32）などを食べることができます。

またチリ南部はドイツからの移住者が多く、イチゴなどのフルーツを使ったケーキ「クーヘン」をはじめとするドイツの食品が食べられています。

パステル・デ・チョクロ
チリ中部地方の伝統料理。トウモロコシのペーストをパイ皮がわりに、ひき肉やオリーブの実、タマネギ、ゆで卵、レーズンなどを入れてオーブンで焼いた料理。

● チリワイン

首都サンティアゴ周辺は、地中海沿岸に似た温暖な気候で、良質なワインの産地として世界的に有名です。アンデス山脈をのぞむ各所にぶどう畑が点在しています。

豊富な魚介が集まる、チリの首都サンティアゴの魚市場。

アンデス山脈をのぞむチリのワイナリー（ワイン醸造所）。

ポリネシア、ミクロネシア、メラネシアの食文化

オセアニアとは、太平洋の島じまとオーストラリア大陸からなる地域のことです。太平洋の島じまは、さらにポリネシア、ミクロネシア、メラネシアの3つの地域に分けられます。これらの地域は、イモ類、バナナ、ココナッツなどを主要な食材とする共通点がみられます。

ココナッツはたいせつな栄養源

ポリネシアの人びとにとって、ココヤシの実（ココナッツ）は食生活に欠かせないたいせつな栄養源です。実からとれるジュースが飲料水がわりになるほか、採取したオイルを料理に使ったり、実の内側の果肉をけずって液体をしぼりだし、ココナッツミルクとして料理の味つけやお菓子づくりに活用します。また、ココナッツの果肉を発酵させてチーズのような食品をつくったり、樹液を発酵させてお酒をつくったりもします。熱帯のポリネシアでは牧草地がなく、乳牛を飼うことがむずかしいので、昔からココナッツの実が人びとの重要なたんぱく源となってきたのです。

ココヤシの木　　ココナッツの果肉

ポリネシアの食文化

ポリネシアは、ギリシャ語で「多くの島じま」という意味があります。南太平洋のハワイ（アメリカ領）やタヒチ（フランス領）、ラパヌイ島（チリ領）などの島じまをふくむ文化圏で、トンガ、サモアなどの独立国があります。メラネシアの東端に位置するフィジーにも、ポリネシアの食文化がみられます。ポリネシアは一年を通して温暖で、ココナッツ、魚介類をはじめ、どの島じまでも似たような食材の料理が食べられています。

また、ポリネシアにはクワ科の「パンノキ」（→p18）とよばれる木があります。パンノキの実は、タロイモやヤムイモなどとともに、ポリネシアの伝統的な主食となっています。

ポリネシアの伝統的な調理法

ポリネシアの伝統的な調理法は、地面に穴を掘って焼けた石を置き、食材をのせて、バナナの葉でおおい、その上に土をかぶせて蒸し焼きにするというものです。この調理法をフィジーでは「ロボ」、ハワイでは「イム」などとよびます。同じポリネシア系のニュージーランドのマオリは「ハンギ (→p44)」とよんでいます。

通常は、この調理はお祝いなど特別の日におこなわれ、ごちそうの豚の丸焼きのほかに、魚介類、タロイモ、サツマイモなどを焼きます。

フィジーのロボ。

もっと知りたい！
フィジーのインド料理

フィジーには19世紀末にサトウキビ畑の労働者として、南インドから多くの労働者が移住した。今でもフィジーにはその子孫や、ポリネシア人との結婚による混血の人びとがくらしていて、インド料理が定着している。フィジーのインド料理は、もともと彼らが南インドで使っていたココナッツミルクに加え、キャッサバやパンノキに似たジャックフルーツといったポリネシアの食材を使うなど、両文化のまざった料理になっている。

ポリネシアの代表的な料理

周囲を海にかこまれたポリネシアの伝統的な日常食は、魚介類とココナッツ、イモ類です。

©watashiwani

ポワソン・クリュ（タヒチ語で「オタイカ」）

マグロなどの魚の切り身をライムやレモンジュースと塩に漬けておき、ココナッツミルクをかけて食べる、ポリネシアを代表する料理。タヒチではフランス風に青ネギやトマトなどの野菜を加えることもある。同じ料理をサモアでは「オカ（またはオカイア）」、フィジーでは「ココンダ」などとよぶ。

プーレ・ファファ

きざんだタロイモの葉と鶏肉、調味料、ココナッツミルクなどをまぜて煮こむタヒチの料理。

ミクロネシアの食文化

　ミクロネシアはギリシャ語で「小さな島じま」という意味をもち、太平洋のアジア寄りの地域です。ミクロネシア連邦やパラオ、キリバスなどの国、アメリカ領のグアム島などがあります。食文化はポリネシアと共通している点がある一方で、17世紀にこの地をおとずれたスペイン人や、日本をふくむアジアの影響もみられます。

先住民チャモロの伝統的なダンス。

もっと知りたい！
パラオの日本料理

　パラオは、第一次世界大戦後、日本の委任統治領となり、多くの日本人が移住したため、現在、全人口の4分の1が日本人の血を引いているといわれる。そのため、日本食の文化が定着している。タロイモやタピオカなどミクロネシアの伝統食に加えて、うどん、さしみ、煮つけ、おにぎり、みそ汁、のり巻きなどがよく食べられている。

ミクロネシア先住民チャモロの料理

　グアム島をふくむミクロネシアのマリアナ諸島には、先住民チャモロの文化が残っています。紀元前3000年に東南アジアから移住した人びとがその祖先だといわれています。その後、すぐ西にあるフィリピンと同様にスペインの要素がまざり、独特の食文化を受けついできました。現在も英語とともにチャモロ語が使われています。

ミクロネシアの代表的な料理

レッドライス
アチョーテ（ベニノキ）の実をまぜて炊いたご飯。グアムのお祭りに欠かせない食べ物。

チキン・ケラグエン
さいた鶏肉とココナッツの果肉、レモンジュース、青トウガラシをまぜたチャモロの料理。

魚のバナナの葉包み
まるごとの白身魚にレモンの葉をのせ、バナナの葉に包んで焼いたパラオの料理。しょうゆをかけて食べる。

メラネシアの食文化

メラネシアは、パプアニューギニアを中心にした地域です。ギリシャ語で「黒い（皮膚の黒い人びとが住む）島じま」という意味があります。赤道直下にあり、内陸には熱帯雨林が広がっています。ヤムイモ、タロイモなどを栽培して主食にし、沿岸部では魚介もよく食べます。料理にはココナッツミルクをよく使います。

メラネシアの代表的な料理

ムームー
サツマイモにココナッツミルクを加え、葉野菜をのせてバナナの葉に包んで石焼きする料理。豚肉や、パパイヤ、バナナ、豆類などを加えることもある。バヌアツでは同じ料理を「ラップラップ」という。

パプアニューギニアのサクサク

パプアニューギニアには多くの民族が住んでいて、民族独自の食生活をしています。海岸近くに住む人びとは魚介類を食べますが、奥地や高地に住む人びとは、鳥やは虫類なども食べます。サクサクという食べ物もあります。これは、サゴヤシの木の幹からとったデンプンを水にといて火にかけ、それを冷ましてかためた、もちのような食べ物です。ココナッツミルクとともに煮て、甘いサクサクもつくります。

サクサクをつくっているところ。

サクサクのでき上がり。

島の人びとは、単純な道具で大きな魚をつる。

オーストラリア

オーストラリアは、世界6位の国土面積をもつ、南半球のオセアニアの国です。砂漠や熱帯雨林、温暖湿潤など多様な自然と気候のもと、カンガルーやコアラなど個性的な動物たちがすんでいます。

正式名称／オーストラリア連邦
人口／約2405万人（2016年豪州統計局）
国土面積／769万2024km²（日本の約20倍）
首都／キャンベラ
言語／英語
民族／ヨーロッパ系が中心、その他に中東系、アジア系、先住民など
宗教／キリスト教（61％）、無宗教（22％）

1 オーストラリアの食文化

オーストラリアはイギリスの植民地時代を経て、1901年に独立しました。現在もイギリス連邦の加盟国で、食文化にはイギリスの影響がみられます。さらにオーストラリアの先住民アボリジニや、世界各地からやってきた移民の食文化も加わっています。

● オーストラリアのバーベキュー文化

オーストラリアの人びとはバーベキューが大好きです。気候が温暖なため、野外で食事することが生活習慣の一部になっているのです。オーストラリアの家庭にはたいていバーベキューの道具がそろっていて、公園やビーチにもバーベキュー・コーナーが設けられています。バーベキューで焼くのは、さまざまな部位のオーストラリア産牛肉（オージービーフ）や、羊肉、ソーセージ、野菜など。味つけはシンプルな塩味が基本ですが、好みでスパイシーな東南アジアのソースなどを使うこともあります。

● アボリジニの食文化

オーストラリアの先住民アボリジニは、古来、オーストラリアに自生している木の実やハーブ、カンガルーやエミュー、ワニなど野生動物の肉、魚介、アリや昆虫の幼虫などを食べてきました。調理法は通常、蒸したり焼いたりするだけで、香辛料は使いません。彼らの食事は「ブッシュ・タッカー」とよばれ、栄養豊富で健康的な自然食として、近年、見直されています。

ダチョウに似た鳥のエミューやカンガルーの肉を使った料理。

オーストラリア

● 移民の料理

大都市メルボルンやシドニーには、世界中からやってきた移民の人たちがくらすまちがあります。たいてい出身国や地域ごとにひとつのまちができていて、出身国のほとんどそのままの料理がつくられています。ギリシャ人街のスブラキ（焼肉）や、タイ人街のグリーンカレーなど、オーストラリア人の食生活にとけこんだ料理も少なくありません。

● 代表的なオーストラリア料理

オーストラリアで昔からよく食べられている料理は、イギリスからもちこまれたものだけでなく、新しくオーストラリアでつくりだされたものもたくさんあります。

オージー・ミートパイ
一口サイズのオーストラリアならではのミートパイ。ケチャップかトマトソースがかかっていて、おやつがわりになる。

カーペットバッグ・ステーキ
牛肉のかたまりに切りこみを入れてカキをはさみ、焼いた料理。カーペットの生地でつくられたカバンに似ていることから名づけられた。1950年代以降に発明された料理。

フィッシュ・アンド・チップス
イギリス発祥の白身魚のフライとフライドポテトの盛り合わせ。

● シーフードの宝庫

周囲を海にかこまれたオーストラリアは魚介類の宝庫です。オーストラリアでは肉がよく食べられていますが、料理には、エビやカニ、ロブスター、カキなど新鮮な魚介類も使われます。シドニーなどには、カキやロブスターなどの新鮮なシーフードを食べさせてくれるレストランがたくさんあります。ハチミツやゴマ油、カレーなどさまざまな風味の調理法が用意されているのが、オーストラリアらしいところです。

もっと知りたい！
ベジマイトって、なに？

ベジマイトは、野菜を麦芽酵母で発酵させてペースト状にした、栄養満点のスプレッド。チョコレートのような色をしているが、味は塩辛く、酵母独特のにおいがする。オーストラリアやニュージーランドでは、朝食時にトーストにぬったりしてよく食べられている。料理の調味料として使うこともある。

もっと知りたい！
オーストラリアのワイン

オーストラリアにブドウの苗がもちこまれ、栽培がはじまったのは18世紀。ワインは食事に欠かせないものである以上に、キリスト教徒にとってたいせつな飲み物であるため、イギリス人のほかイタリア人やドイツ人の移民たちがワインをつくりはじめた。ワインの産地は、冷涼なオーストラリア南部に集中している。

シドニー近郊のブドウ畑。

ニュージーランド

ニュージーランドは、オーストラリアと同じく、かつてはイギリスの植民地だったオセアニアの国です。北島と南島に分かれ、豊かな自然と、キウイに代表されるようなめずらしい動物の宝庫です。

正式名称／ニュージーランド
人口／約424万人（2013年国勢調査）
国土面積／27万534km²（日本の約4分の3）
首都／ウェリントン
言語／英語、マオリ語、手話（2006年より）
民族／ヨーロッパ系（74％）、マオリ系（14.9％）、アジア系（11.8％）、太平洋島嶼国系（7.4％）ほか
宗教／信仰をもっている国民（総人口の約53％）のうち、48.9％がキリスト教徒。

1 ニュージーランドの食文化

ニュージーランドの食文化は、おもにイギリス人らが伝えたヨーロッパの料理と、ポリネシアの先住民マオリの伝統料理から成り立っています。オーストラリアと似かよった料理も多くあります。

先住民マオリの料理

マオリは、9～10世紀にニュージーランドに移住したといわれるポリネシア系の先住民です。彼らの言葉でニュージーランドを「アオテアロア」といい、「白く長い雲のたなびく地」という意味があります。マオリはこの地をあがめ、森で狩りをしたり、木の実や果物を収穫したり、海や川で魚や貝をとったり、クマラというサツマイモに似たイモを栽培し、自然と調和してくらしてきました。

マオリの代表的な調理方法は「ハンギ」といい、地中に掘った穴の中に熱く熱した石を置き、その上に魚やクマラなどの食材をのせて、盛り土をかぶせて蒸し焼きにします。

伝統的なマオリの食材には、キオレ（ナンヨウネズミ）や、羊肉に似た味のマトンバード（ミズナギドリ）、シダの新芽のピコピコなど独特なものがいろいろあります。

18世紀にニュージーランドにやってきたヨーロッパ人は、マオリに豚肉やジャガイモを伝えました。とくにクマラより多く収穫できるジャガイモは、彼らをなやませていた食糧不足の心配を解決しました。ジャガイモの酵母でつくるマオリのパン「レウェナ・パラオア」は、ヨーロッパの影響を受けて誕生したパンです。

ハンギ

ニュージーランド

レウェナ・パラオア

豊かな酪農文化

酪農と畜産がさかんなニュージーランドでは、羊や牛を放牧しています。バターやチーズ、粉乳などの乳製品や、羊肉、牛肉の輸出量は世界有数をほこっています。ニュージーランドの人口は450万人にも満たないですが、羊の数は約3000万頭、牛の数は約1000万頭もいるといわれています。

ニュージーランド最高峰のマウントクックをのぞむ牧場で群れをなす羊たち。

● ニュージーランドのお菓子

ニュージーランドでは、ヨーロッパ人によって発明された、さまざまな独自のお菓子があります。

パブロワ

フルーツをトッピングしたメレンゲのお菓子。1926年にロシアの名バレリーナ、アンナ・パブロワがニュージーランドとオーストラリアで公演をおこなったときに誕生したといわれている。オーストラリアも発祥地の名乗りをあげている。ニュージランドではキウイフルーツをトッピングする。

ロリーケーキ

色のついたソフトキャンディを、コンデンスミルク、クッキー、バターをまぜた生地といっしょにこねて成形して、ココナッツフレークをまぶしたお菓子。

ホーキーポーキーアイスクリーム

水あめを練ってつくった、キャラメル入りのアイスクリーム。ホーキーポーキーは、19世紀末のイギリスなどではアイスクリームをさす俗語だった。

もっと知りたい！
ニュージーランドの果物「キウイフルーツ」

キウイフルーツは、1906年にニュージーランドで品種改良されて誕生した果物。現在では世界中で食べられている。1959年に輸出されるようになったとき、ニュージーランドの国鳥キウイにすがたが似ていることから、名づけられた。

45

さくいん

あ

アガベ	9
アカラジェ	21
アキー	19
アキー・アンド・ソルトフィッシュ	19
アサード	27
アサイー	25
アシエンダ	32
アステカ文明	6、8
アヒ・アマリージョ	31、33
アヒ・デ・ガジーナ	33
アボカド	7、8
アボリジニ	42
アマゾン川	21、22、25、30
アルファホール	29
アレパ	36
アロス・アマリージョ	14
アロス・コングリ	14
アロス・コン・ポジョ	16
アロス・コン・マリスコス	32
アロス・コン・レチェ	17
アンティクーチョ	33
アンデス	30、31、34、32、36、37
イギリス	42、43、44、45
移民	18、19、20、22、24、26、32、33、42、43
インカ帝国	22、30、31、34
インド料理	19、31、39
ウエボス・ランチェロス	8
ウミータ	29
エンチラーダ	9
エンパナーダ	29、35、36
オージービーフ	42
オージー・ミートパイ	43

か

カーニバル	17、24
カウサ・レジェーナ	33
ガウチョ	27
カカオ豆	11、25
カジュー	25
カスタードプディング	17、24
カボチャ	7、12、26、29、31
ガラナ	25
カリブ海	14、16、18、19、36
カルボナーダ・エン・ザパロ	26
カンジーカ	24
キウイフルーツ	45
キヌア	31
キャッサバ	14、22、23、33、34、39
旧イギリス領	19
牛肉	16、23、27、29、32、35、42、43、45
グァバ	17
グアム	38、40
クイ	33
グサーノ	9
クスクス	24
クプアス	25
ケシージョ	13
ゲラゲッツァ	13
コーヒー	19、21、22、24
ココア	11
ココナッツ	18、21、24、38、39、40
ココナッツミルク	21、24、38、39、41
コジード	20
コシーニャ	23
米	7、8、14、16、36

さ

サクサク	41
ザクロ	10
サトウキビ	15、21、24、32
サルサ	8
サルティーニャ	35
サルバドール	21
サンコーチョ	36
サンパウロ	20、22、23、24
死者の日	12
シナモン	7、17、24、35
ジャークチキン	19
ジャガイモ	16、22、23、30、31、32、33、34、35、37、44
シュハスコ	23
スペイン	6、7、8、10、14、15、16、17、25、26、27、28、30、31、32、33、34、37
セビッチェ	32、37

た

炊きこみご飯	14、16、32
タコス	8
タピオカ	22、24、40
タピオカ・デ・バナナ	23
タヒチ	38、39
タマーレス	9、29
タマリロ	36
タロイモ	38、39、40、41
チキン・ケラグエン	40
チチカカ湖	34
チャモロ	40
チョコレート	11、25、28
チョリソ	16、29
チレス・エン・ノガダ	10

チレ・ポブラーノ …………… 10
テキーラ ………………………… 9
デンデ油 ……………………… 21
トウガラシ ……… 7、8、10、11、
　　　　　　16、27、31、32、33
トゥナ …………………………… 9
トウモロコシ…6、7、8、9、11、
　　　12、13、24、26、29、30、
　　　32、33、34、36、37
東洋人街 ……………………… 22
ドゥルセ・デ・レチェ ……28、29
トストネス …………………… 16
トマト ……… 8、9、10、21、31、
　　　　32、33、36、39、43
トラユダ ……………………… 13
鶏肉 ……… 9、16、19、23、27、
　　　　33、35、36、39、40
トルティージャ ……… 7、8、9、13
奴隷 …… 15、18、20、21、22、
　　　　　　23、24、32
トレス・レチェス・ケーキ …… 17

な
日系人 ………………………… 22
日本食 ………………………… 40
ノパル …………………………… 9

は
バーベキュー …………… 19、42
バイーア料理 ………………… 21
パイナップル …………… 13、18
パウリスタ …………………… 24
パエージャ …………………… 16
パステウ ………………… 22、23
パステル・デ・チョクロ ……… 37
パチャマンカ ………………… 33

バナナ… 16、17、18、21、23、
　　　　25、33、38、41
バナナの葉…… 33、39、40、41
バヌアツ ………………… 38、41
パパ・ア・ラ・ワンカイナ …… 33
パパイヤ ……… 17、18、34、41
パプア・ニューギニア … 38、41
パブロワ ……………………… 45
パラオ ………………………… 40
ハンギ ………………… 39、44
パン・デ・ムエルト …………… 12
パンノキ …………… 18、38、39
パンパ ………………… 26、27
ピーナッツ ………… 31、33、36
ピカディージョ ……………… 16
ファロッファ ………………… 23
フィジー ………………… 38、39
フィッシュ・アンド・チップス ‥ 43
プーレ・ファファ ……………… 39
フェイジョアーダ …………… 23
豚肉…… 8、9、16、23、37、44
復活祭 ………………… 11、24
フラン ………………………… 17
プランテーション ……… 15、24
ブルーマウンテン …………… 19
ベジマイト …………………… 43
ホーキーポーキーアイスクリーム
　　………………………… 45
ボリーニョ・デ・バカリャウ …… 20
ポルトガル ………… 20、21、24
ポワソン・クリュ ……………… 39
ポンデケージョ ……………… 23
ボンビージャ ………………… 28

ま
マオリ ………………… 39、44
マタンブレ …………………… 29

マテ茶 ………………………… 28
マヤ文明 ……………… 6、8、31
マンゴー ……… 17、18、34
ムームー ……………………… 41
無形文化遺産 ………………… 12
ムケッカ ……………………… 21
メディアルナ ………………… 28
モーレ・ポブラーノ …………… 11
モコチンチ …………………… 35
モリニージョ ………………… 11

や
山羊のカレー ………………… 19
ヤムイモ ………………… 38、41
有機農業 ……………………… 15
ユカ・コン・モホ ……………… 16

ら
ライスプディング …………… 17
酪農 …………………………… 45
ラップラップ ………………… 41
ラム酒 ………………………… 15
リオデジャネイロ ……… 20、24
料理用バナナ ………… 16、33
レウェナ・パラオア ……44、45
レッドライス ………………… 40
レモン・アリ ………………… 36
ロクロ ………………………… 29
ロボ …………………………… 39
ロモ・サルタード …………… 32
ロリーケーキ ………………… 45

わ
ワイン………20、35、37、43
ワカモーレ …………………… 8

■監修・著
青木ゆり子

e-food.jp 代表。各国・郷土料理研究家。世界の郷土料理に関する
執筆をおこなっている。2000年に「世界の料理 総合情報サイト
e-food.jp」を創設。日本と海外をつなぐ相互理解・交流を目指し、
国内外の優れた食文化に光を当てて広く伝えるために活動中。ま
た、国際的ホテルの厨房で、60か国以上の料理メニューや、外国
人客向けの宗教食ハラール（イスラム教）やコーシャ（ユダヤ教）、
ベジタリアン等に対応する国際基準の調理現場を経験し、技術を習
得。東京にある大使館、大使公邸より依頼を受け、大使館及び大使
公邸の料理人として各国の故郷の味を提供。現在、世界5大陸
200以上の国・地域の訪問を目指して、一眼レフカメラを片手に
料理取材を続けている。

■編／デザイン
こどもくらぶ

稲葉茂勝
石原尚子
長江知子

■制作
（株）エヌ・アンド・エス企画

※各国の人口や国土面積ほかの基本情報
は、外務省のホームページ「世界の国々」
（2016年12月）による。

■写真協力
青木ゆり子、池内嘉正

©Canduscamera ©Bhofack2 ©Jrothe
©Joshua Resnick ©Igor Dutina ©Leon Rafael
©Camello ©Louise Roach ©Lee Snider
©Agcuesta ©Ppy2010ha ©Richard Gunion
©Agcuesta ©Kobby Dagan ©Samantha Ong
©Mahroch ©Kmiragaya ©Roxana Gonzalez
©Kmiragaya ©Jkaryadi ©Maurizio Biso
©James Camp ©Carolina Garcia Aranda
©Olgades ©Vitami ©Ivan Sinayko ©Alffoto
©Lyndale Woolco ©Viktoriia Zlobina ©Eladora
©Alexander Mychko ©Paul Brighton ©Thanawit
©Tan Kian Yong ©Lazyllama ©Iuliia Timofeeva
©Vinicius Tupinamba ©Betochagas13
©Toldiu74 ©Paul Brighto ©Sidney De Almeida
©Vitor Hugo Artigiani Filho ©Iuliia Timofeeva
©Iuliia Timofeeva ©Antonio De Azevedo Negrão
©Jaboticaba Produções Fotográficas
©Diogo Piloto Proenca ©Alexander Mychko
©Ermess ©Stefano Ember ©Gábor Kovács
©Jose Tejo ©Valentineroy ©Woyzzeck
©Betochagas13 ©Daniel Korzeniewski
©Dinoforlena ©Ld1976d ©Marsha Mildon
©Martin Schneiter ©Christophe Avril ©Ildipapp
©Mircea Dobre ©Pixattitude ©Mirmoor
©Checco ©Daniel Novoa ©Hans Geel
©Pixattitude ©Rafał Cichawa ©Jeremy Richards
©Ildipapp ©Elifranssens ©Alexander Mychko
©Jack Kunnen ©Ildipapp ©Kseniya Ragozina
©Antonella865 ©Jabiru ©Michael Guzman
©Michal Knitl ©Margo555 ©Maria Adelaide Silva
©Iamnee ©Alyssand ©Alexander Mychko
©Douglas Holder ©Bernhard Richter
©Catalina Zaharescu Tiensuu
©Sitha Suppalertpisit ｜Dreamstime.com
©Juan Salvador ©Day Owlm ©Elena Fragoso
©Luz Rosa ©kccullen Photo/Shutterstock.com

しらべよう！ 世界の料理⑦　中央・南アメリカ オセアニア　メキシコ ブラジル ペルー オーストラリア ほか　N.D.C.383

2017年4月　第1刷発行

監修・著　青木ゆり子
　編　　　こどもくらぶ
発行者　長谷川 均　　編集　浦野由美子
発行所　株式会社ポプラ社
　　　　〒160-8565　東京都新宿区大京町 22-1
　　　　電話　営業：03（3357）2212　編集：03（3357）2635
　　　　振替　00140-3-149271
　　　　ホームページ http://www.poplar.co.jp
印刷・製本　大日本印刷株式会社

Printed in Japan
●落丁本、乱丁本は送料小社負担でお取り替えいたします。
　小社製作部宛にご連絡ください。
　【製作部】電話：0120（666）553　受付時間：月～金曜日　9：00～17：00（祝祭日は除く）
●本書のコピー、スキャン、デジタル化等の無断複製は著作権法上での例外を除き禁じられています。
　本書を代行業者等の第三者に依頼してスキャンやデジタル化することは、たとえ個人や家庭内での利用であっても著作権法上認められておりません。

47p 29cm
ISBN978-4-591-15369-7

「おいしい」の向こうにある、各国の風土や文化を学ぼう！

しらべよう！世界の料理 全7巻

❶ 東アジア
日本 韓国 中国 モンゴル

❷ 東南アジア
ベトナム タイ フィリピン インドネシア ほか

❸ 南・中央アジア
インド ブータン バングラデシュ ウズベキスタン ほか

❹ 西アジア アフリカ
サウジアラビア トルコ エジプト ナイジェリア ほか

❺ 北・中央・東ヨーロッパ
スウェーデン オーストリア チェコ ロシア ほか

❻ 西ヨーロッパ 北アメリカ
フランス スペイン ギリシャ アメリカ ほか

❼ 中央・南アメリカ オセアニア
メキシコ ブラジル ペルー オーストラリア ほか

監修：青木ゆり子（e-food.jp 代表）

小学校中学年〜中学生向き
各47ページ
N.D.C.383 A4変型判
図書館用特別堅牢製本図書

★ポプラ社はチャイルドラインを応援しています★

18さいまでの子どもがかけるでんわ
チャイルドライン®

0120-99-7777
ごご4時〜ごご9時 ＊日曜日はお休みです 電話代はかかりません 携帯・PHS OK

18さいまでの子どもがかける子ども専用電話です。
困っているとき、悩んでいるとき、うれしいとき、
なんとなく誰かと話したいとき、かけてみてください。
お説教はしません。ちょっと言いにくいことでも
名前は言わなくてもいいので、安心して話してください。
あなたの気持ちを大切に、どんなことでもいっしょに考えます。